Développement de l'esprit d'entreprise chez les femmes en Éthiopie

Melat Tekletsadik Haile

Développement de l'esprit d'entreprise chez les femmes en Éthiopie

Étude de cas sur les femmes exerçant une activité indépendante WISE

ScienciaScripts

Imprint

Any brand names and product names mentioned in this book are subject to trademark, brand or patent protection and are trademarks or registered trademarks of their respective holders. The use of brand names, product names, common names, trade names, product descriptions etc. even without a particular marking in this work is in no way to be construed to mean that such names may be regarded as unrestricted in respect of trademark and brand protection legislation and could thus be used by anyone.

Cover image: www.ingimage.com

This book is a translation from the original published under ISBN 978-3-659-83189-8.

Publisher:
Sciencia Scripts
is a trademark of
Dodo Books Indian Ocean Ltd. and OmniScriptum S.R.L publishing group

120 High Road, East Finchley, London, N2 9ED, United Kingdom
Str. Armeneasca 28/1, office 1, Chisinau MD-2012, Republic of Moldova, Europe

ISBN: 978-620-8-30582-6

Copyright © Melat Tekletsadik Haile
Copyright © 2024 Dodo Books Indian Ocean Ltd. and OmniScriptum S.R.L publishing group

Table des matières :

Chapitre 1   5

Chapitre 2   10

Chapitre 3   18

Chapitre 4   26

DÉVELOPPEMENT DE L'ESPRIT D'ENTREPRISE CHEZ LES FEMMES EN ÉTHIOPIE

UNE ÉTUDE DE CAS SUR LES FEMMES EXERÇANT UNE ACTIVITÉ INDÉPENDANTE (WISE)

Par :

Melat Tekletsadik Haile

Remerciements

Tout d'abord, je remercie Dieu de m'avoir accordé le désir de mon cœur et de m'avoir accompagné tout au long de l'année. Je souhaite exprimer mes sincères remerciements à tous les enseignants et au personnel du SIT Graduate Institute et de World Learning pour leur engagement et leur soutien. Ma gratitude la plus sincère va à Tsegie Haile, directeur exécutif de Women in Self Employment (WISE), qui m'a fourni tout le matériel de recherche nécessaire.

Je saisis cette occasion pour remercier ma sœur Meklit Haile et son fiancé, Ermias Alemu, qui ont soutenu mon séjour aux États-Unis. Je suis également reconnaissante à mon ami Andreas Eggenberger pour son amitié et son mentorat. Je remercie mes parents de m'avoir inculqué les principes du travail, de l'engagement et du service. Enfin, je remercie tous mes amis d'avoir cru en moi.

Résumé

L'objectif de l'étude est d'évaluer le niveau d'efficacité et l'impact d'une organisation de la société civile pour répondre aux défis des femmes entrepreneurs dans le secteur informel en Éthiopie, en particulier dans la ville d'Addis-Abeba, dans leurs efforts pour développer leurs entreprises.

Une étude de cas qualitative d'une organisation de la société civile appelée Women in Self Employment Organization (WISE) a été utilisée. Les plans stratégiques et les rapports de l'organisation, y compris les rapports d'évaluation, ont fait l'objet d'un examen documentaire. Un questionnaire a été administré au directeur exécutif de l'organisation afin d'établir le contexte. L'étude est examinée de manière critique par rapport aux théories sur le genre et le développement, en particulier le cadre théorique de Moser, une étude réalisée par l'OIT sur l'efficacité des interventions de développement de l'esprit d'entreprise pour les femmes entrepreneurs et, enfin, une étude commandée par le Centre international de recherche pour les femmes sur les services de développement des entreprises pour la croissance des entreprises féminines, afin de comparer les pratiques et d'évaluer leur efficacité. Enfin, l'efficacité organisationnelle est examinée.

Les résultats de l'étude ont montré que l'approche d'intervention intégrée de WISE, principalement par le biais de l'autonomisation économique, était très efficace et avait modifié le statut socio-économique de ses cibles, tant au niveau des ménages que de la communauté. Les principes et les approches sont conformes aux études sur l'efficacité des interventions en matière de développement de l'esprit d'entreprise et aux théories sur le genre et le développement.

Chapitre 1

I. Introduction

Le document commencera par un examen de l'indice mondial de l'écart entre les hommes et les femmes. Il sera suivi de données statistiques sur le statut socio-économique des femmes et des hommes et d'une étude sur l'emploi du temps réalisée par l'Agence centrale des statistiques d'Éthiopie. Ces données seront précédées d'un examen de l'engagement du gouvernement éthiopien à lutter contre l'inégalité entre les hommes et les femmes. Une brève mise à jour macroéconomique est présentée dans la dernière section de l'introduction.

1.1.1 Contexte

Selon le Forum économique mondial, l'indice d'écart entre les sexes pour l'Éthiopie est de 127 sur 142 pays (Forum économique mondial, 2014). Les quatre sous-indices utilisés pour mesurer le score sont la santé, l'économie, l'éducation et la politique. Les sous-indices de l'économie mesurent l'écart de participation, l'écart de rémunération et l'écart d'avancement. Les scores pour l'Éthiopie sont donc les suivants : participation à la population active (0,90), égalité des salaires pour un travail similaire (0,69), revenu estimé du travail (0,51), législateurs, hauts fonctionnaires et gestionnaires (0,36), travailleurs professionnels et techniques (0,48). Un score de 1 indique la parité. (Scores en annexe). Les attitudes, croyances et pratiques traditionnelles qui renforcent les rôles des hommes et des femmes limitent la participation des femmes au développement (UN Women.org).

1.1.2 Caractéristiques socio-économiques

L'étude sur l'emploi du temps réalisée par l'Agence centrale des statistiques est utilisée pour cette section. L'utilisation du temps montre comment les femmes, les hommes, les filles et les garçons consacrent leur temps au travail rémunéré et non rémunéré (CSA, 2014). L'étude note que la répartition du temps est la principale source d'inégalité entre les hommes et les femmes dans la production domestique. L'étude sur l'utilisation du temps est importante pour comprendre la contribution invisible des femmes à l'économie et aux ménages. Les résultats aident le gouvernement et les planificateurs de programmes à prendre des décisions politiques et à combler le fossé entre les hommes et les femmes. Les données socio-économiques qui affectent la participation au marché du travail sont brièvement présentées ci-dessous.

L'éducation : Selon le rapport CSA, les femmes ont un niveau d'éducation inférieur à celui des hommes. L'enquête a révélé que dans les zones urbaines, 24 % des femmes n'ont jamais été scolarisées, contre 13 % pour les hommes. Le déséquilibre entre les sexes pour ceux qui ont été scolarisés est plus faible.

Source de revenus du ménage : Dans les zones urbaines, 13% des femmes étaient impliquées dans un type d'activité agricole, 26% dans une entreprise ou un commerce non agricole et 38% dans un travail salarié.

Emploi et groupes professionnels : L'inégalité entre les sexes en matière d'emploi est plus importante **:** 71% pour les hommes et 55% pour les femmes. Les femmes occupent des emplois moins qualifiés, notamment dans les secteurs de la vente et des services, où elles représentent 40 % des effectifs, contre 23 % pour les hommes.

Situation de l'emploi : plus de la moitié des femmes employées sont soit des travailleurs indépendants, soit des travailleurs familiaux non rémunérés. Environ 36% des hommes et des femmes employés dans les zones urbaines sont des travailleurs indépendants, 20% des femmes contre 11% des hommes sont des travailleurs familiaux non rémunérés.

Répartition des responsabilités domestiques : dans les zones urbaines et rurales, les femmes assument la majeure partie des responsabilités domestiques, y compris la collecte de l'eau et du combustible. Le chiffre est de 70% pour les femmes urbaines et seulement 10% des ménages urbains et ruraux partagent les responsabilités pour la collecte de l'eau et du combustible.

Propriété des équipements et des biens et dépenses des ménages : le contrôle des biens immobiliers, des terres agricoles et non agricoles, des terres et du bétail était relativement équitable dans les zones urbaines, alors que l'écart était plus prononcé dans les zones rurales.

Dépenses du ménage : dans les zones urbaines comme dans les zones rurales, les hommes sont responsables des achats pour les dépenses du ménage. Dans les zones urbaines, les hommes contrôlent entre 30 et 60 % des dépenses du ménage dans différentes catégories. Les hommes dépensent davantage pour les transports, les communications, l'alcool, le tabac et les restaurants. Dans les zones urbaines, les femmes ne contrôlent que 30 % des dépenses des ménages dans les domaines de la santé, de l'alimentation, du logement et de l'eau. Le reste des dépenses est effectué conjointement.

Le temps passé : L'étude a également montré que 89% des femmes urbaines et 94% des femmes rurales sont impliquées dans le travail non rémunéré, qui comprend les soins aux enfants, les soins aux adultes, les services domestiques et les services communautaires, et y consacrent en moyenne 5 à 6 heures, alors que seulement 47% des hommes urbains sont impliqués dans le travail non rémunéré, y consacrant en moyenne 2 heures, et 59% des hommes ruraux y consacrant 4 heures. De même, 79% des filles urbaines, contre 47% des garçons, participent au travail non rémunéré en y consacrant 3,5 heures pour les filles et 2 heures pour les garçons. Les femmes âgées de 15 à 64 ans sont plus susceptibles de participer au travail non rémunéré. Les femmes qui n'ont jamais été mariées ou divorcées y consacrent moins de temps que celles qui sont mariées. Les femmes qui ont des enfants y consacrent 362 minutes, contre 257 minutes pour celles qui n'en ont pas. Une grande partie du temps consacré au travail non rémunéré est consacrée aux activités liées aux enfants. L'étude a également révélé que les femmes ayant un niveau d'éducation plus élevé consacraient moins de temps au travail non rémunéré, mais que cela ne s'accompagnait pas nécessairement d'une augmentation des dépenses du ménage. 93 % des femmes sans instruction consacrent 5,6 heures par jour au travail non rémunéré, contre 4 heures pour celles qui ont terminé leurs études secondaires. Le rapport mentionne qu'un niveau d'éducation plus élevé est associé à la participation à un travail productif et à une meilleure situation économique, ce qui augmente les capacités à s'offrir des équipements ménagers permettant d'économiser du temps et d'autres aides qui permettent d'économiser le temps consacré au travail non rémunéré.

1.1.3 Gouvernement de l'Éthiopie

Le plan de développement national du gouvernement éthiopien, le plan de croissance et de transformation (GTP), a déclaré que la promotion de l'autonomisation des femmes et des jeunes et des avantages équitables était l'une des stratégies piliers pour soutenir une croissance rapide et généralisée (MOFED, 2010). L'objectif est de "garantir la participation active des femmes au développement économique du pays et l'égalité des bénéfices de la croissance économique ; accroître la participation au secteur social et l'autonomisation des femmes en abolissant les pratiques traditionnelles préjudiciables et en affirmant la participation des femmes à la vie politique". Certaines des stratégies mentionnées, pertinentes pour le présent document, sont les suivantes : aider les femmes à former des coopératives ; encourager les femmes à augmenter leurs revenus en participant à des activités génératrices de revenus autres que l'agriculture, promouvoir les services d'épargne et de crédit, étendre les programmes qui contribuent à alléger la charge de travail des femmes rurales, créer un environnement propice pour permettre aux associations de femmes de fonctionner efficacement et accroître le rôle décisionnel des femmes.

D'autres documents qui affirment les droits des femmes sont la constitution, la politique de l'Éthiopie en matière de genre, le code pénal fédéral révisé et la loi régionale sur la famille (UN Women.org).

1.1.4 L'environnement macroéconomique à travers le prisme du genre

Les économistes féministes soulignent la nécessité d'étudier la manière dont les politiques macroéconomiques affectent l'égalité des sexes et l'autonomisation des femmes. Une brève mise à jour de l'environnement macroéconomique de l'Éthiopie est présentée ici. L'Éthiopie est l'une des économies africaines à la croissance la plus rapide, avec un taux de croissance du PIB de 11 % en moyenne sur la période 2003-2010 (MOFED, 2010). Le MOFED a indiqué que le taux de croissance réel des trois secteurs, à savoir l'agriculture, l'industrie et les services, était respectivement de 10,3 %, 10,2 % et 13,0 %. Le secteur des services est le principal contributeur à la croissance.

Malgré le taux de croissance à deux chiffres du PIB, le taux d'inflation a été très élevé, atteignant un niveau record de 44,4 % en 2008 (World bank.org). Il a diminué et se situe actuellement à 7,4 % (Worldbank.org). Si le taux d'inflation n'est pas maîtrisé, les gains peuvent être perdus, ce qui affecte gravement les femmes vulnérables. D'autres préoccupations économiques dominantes qui affectent la stabilité de l'environnement macroéconomique sont les faibles niveaux de réserves étrangères, l'accumulation importante de la dette par les entreprises publiques et l'éviction du secteur privé. (FMI, 2014).

.1.2 Exposé du problème

Comme indiqué dans les sections précédentes, l'inégalité entre les sexes est omniprésente en Éthiopie. La stratégie de promotion de l'épargne et du crédit et de génération de revenus mise en place par le gouvernement est une opportunité pour ceux qui œuvrent en faveur de l'égalité entre les hommes et les femmes. D'autre part, de nombreux programmes et projets de développement de l'esprit d'entreprise ont été conçus en Éthiopie. Le plus important de ces projets est actuellement le projet de développement de l'entrepreneuriat féminin de la Banque mondiale, qui dispose d'un budget de 42 millions de dollars. L'objectif du projet est d'augmenter les revenus et l'emploi des TPE détenues ou partiellement détenues par les femmes entrepreneurs participantes dans les villes ciblées en leur donnant accès à des microfinancements, en développant les compétences entrepreneuriales et techniques du groupe cible (World Bank.org). Il existe de nombreux autres projets similaires entrepris par des organisations à but non lucratif.

Souvent, on n'accorde pas assez d'attention à l'évaluation des progrès, surtout lorsqu'il s'agit de programmes gérés par le gouvernement et les organisations à but non lucratif. Même lorsque des études sont menées, elles ne sont pas largement diffusées et sont difficilement accessibles. L'évaluation de l'efficacité des programmes et des projets permet de tirer des enseignements de ce qui fonctionne et d'adapter la stratégie en conséquence. Les politiques, stratégies et programmes échoueront s'ils ne s'appuient pas sur des études d'impact ou s'ils ne tirent pas les leçons des meilleures expériences programmatiques.

1.3 Objectif de l'étude
Les objectifs de cette étude de cas sont les suivants :

- Identifier les défis auxquels sont confrontées les femmes entrepreneurs
- Examiner comment l'intervention répond à ces contraintes par le biais de services de développement des entreprises.
- Évaluer le niveau d'efficacité et l'impact des approches pour le développement de l'esprit d'entreprise chez les femmes
- Identifier les meilleures pratiques et les enseignements tirés des programmes de développement de l'esprit d'entreprise

1.4 Méthodologie
Une étude de cas qualitative a été utilisée. Une étude documentaire des documents importants de l'organisation a également été utilisée.

1.5 Importance de l'étude
- Apporter une valeur ajoutée à une étude existante et à un ensemble de connaissances sur les projets et programmes de développement de l'esprit d'entreprise chez les femmes
- Contribue à l'apprentissage des meilleures expériences programmatiques qui peuvent être adoptées par d'autres parties prenantes similaires.
- Encourage la poursuite des recherches sur l'égalité entre les hommes et les femmes en Éthiopie

Chapitre 2

II. REVUE DE LA LITTÉRATURE

2.1 Qu'est-ce que l'esprit d'entreprise ?

L'entrepreneuriat est une source majeure d'emplois et de revenus pour les femmes vivant dans les villes et les zones rurales, en particulier dans les pays à faible revenu. Les activités peuvent être entreprises dans les locaux du domicile des femmes, dans la rue sur les marchés ouverts ou par des femmes qui possèdent des entreprises qu'elles dirigent et gèrent avec des employés sous leur responsabilité (USAID, 2006). Pour les marchés du travail qui n'intègrent pas les femmes vulnérables, l'entrepreneuriat est la plupart du temps le seul moyen de gagner sa vie (USAID, 2006).

2.2 Contribution des femmes entrepreneurs au développement économique

L'esprit d'entreprise des femmes peut contribuer de manière significative aux opportunités économiques et à la création d'emplois dans de nombreux pays en développement. L'autonomisation économique des femmes a un effet d'entraînement. Elle améliore le statut social des femmes. Elle se traduit par de meilleurs résultats en matière de santé et de bien-être pour elles-mêmes, leur famille et la communauté dans son ensemble. (L'individu bénéficie d'une confiance accrue, ce qui implique qu'il aura une meilleure capacité de prise de décision et un plus grand sentiment de contrôle sur sa vie (ICRW, 2001). Il contribue également de manière significative à la réduction de la pauvreté, à l'amélioration de l'alphabétisation et de l'éducation (OIT, 2014). L'OIT note en outre que, dans de nombreux pays, l'entrepreneuriat représente une part plus importante du travail rémunéré des femmes dans l'économie. Il est donc tout à fait justifié de soutenir l'autonomisation économique des femmes.

Les données montrent que les petites et moyennes entreprises appartenant à des femmes sont au nombre de 8 à 10 millions dans les pays en développement, soit 31 à 38 % de l'ensemble des petites et moyennes entreprises (PME) dans les marchés émergents (IFC, 2011). Le nombre d'entreprises appartenant à des femmes augmente plus rapidement que celui des entreprises appartenant à des hommes (OIT, 2014).

La Banque africaine de développement (BAD) et l'OIT considèrent ces entreprises comme des priorités importantes pour le continent. Elles reconnaissent leur contribution non seulement comme un moyen d'encourager le développement économique et la réduction de la pauvreté, mais aussi comme des promoteurs d'une distribution équitable des revenus pour les habitants des zones rurales et urbaines. En outre, ces entreprises promeuvent une culture de l'esprit d'entreprise et des compétences entrepreneuriales dans les communautés locales où elles sont implantées (OIT, 2007).

2.3 Les défis du développement de l'esprit d'entreprise chez les femmes

De nombreux progrès ont été réalisés dans la réduction des disparités entre les sexes dans de nombreux pays en développement, en particulier dans les domaines de l'éducation et de la santé, mais des lacunes persistent dans l'autonomisation des femmes dans la sphère économique (Forum économique mondial, 2013). Bien que le développement de l'entrepreneuriat féminin soit reconnu comme un moteur d'opportunités économiques et d'autonomisation et qu'il ait un effet d'entraînement significatif sur d'autres domaines du développement humain, plusieurs contraintes persistent et entravent le développement de l'entrepreneuriat féminin. Comme nous l'avons mentionné dans les sections précédentes, ces contraintes sont liées à la responsabilité première des femmes en matière de reproduction et de rôles communautaires, qui comprennent des activités telles que l'éducation des enfants et la prise en charge des personnes âgées et des malades. D'autres contraintes sont le manque d'accès au financement, à la formation, aux marchés, aux réseaux, au cadre juridique discriminatoire ainsi que la capacité insuffisante du gouvernement, de la société civile, des entreprises et des institutions de services financiers à lutter contre l'inégalité entre les sexes (USAID, 2006). Les femmes sont également moins instruites, ont une expérience commerciale limitée et disposent de moins de réseaux leur permettant d'accéder aux ressources, aux informations et aux conseils commerciaux. (OIT, 2014). Certains de ces défis sont présentés en détail ci-dessous.

2.3.1 Lois et cadres juridiques discriminatoires

Bien que plus de 136 pays aient explicitement inscrit dans leur constitution l'égalité entre les hommes et les femmes, de nombreux pays en développement ont encore un long chemin à parcourir en ce qui concerne le contrôle de la propriété (IFC, 2014). Le même rapport mentionne que les femmes n'ont pas la même sécurité que les hommes en matière de droits de propriété. Il note que seuls 20 pays sur 136 ne présentent pas de lacunes juridiques en ce qui concerne les droits économiques des femmes et des hommes. Il mentionne également que la garantie des droits constitutionnels n'assure pas l'égalité lorsque, dans de nombreux pays, en particulier en Afrique et dans le Pacifique, les lois non codifiées et coutumières l'emportent sur les lois écrites formelles. L'étude donne l'exemple de nombreux pays africains où les femmes mariées n'ont pas le droit d'obtenir des titres fonciers sans l'autorisation de leur mari. Les maris restent propriétaires de la terre, tandis que les femmes n'en revendiquent que l'usage. Selon la structure des arrangements matrimoniaux, les femmes peuvent perdre leur accès à la terre qui leur appartenait auparavant par le biais du mariage. Selon le rapport, cela limite la capacité des femmes entrepreneurs en herbe à utiliser leurs propriétés comme garantie pour des prêts. Ainsi, les femmes disposent d'un capital financier limité pour le lancement et la croissance de leur entreprise.

Des défis subsistent même pour les entrepreneurs qui sont déjà entrés sur le marché du travail informel. Nombre de ces femmes et de leurs entreprises ne sont pas enregistrées officiellement et fonctionnent en dehors de la protection des lois et des réglementations, ce qui les prive d'une protection et d'une représentation sociales de base. Les dispositions de base en matière de santé, les normes de sécurité, la protection des droits des travailleurs et la protection de l'environnement naturel font défaut (OIT, 2014).

Pour les acteurs qui soutiennent le développement de l'entrepreneuriat féminin, le défi consiste à éliminer les obstacles à l'entrée dans le secteur et à renforcer ceux qui sont déjà engagés dans l'entrepreneuriat. Pour accroître le nombre et le succès des femmes entrepreneurs, il faudra améliorer l'accès aux ressources financières et non financières en supprimant les barrières institutionnelles fondées sur le genre, ainsi que les contraintes culturelles, réglementaires et juridiques (OIT, 2014).

L'étude note en outre que même lorsque les politiques de soutien à l'égalité des sexes prévalent, il n'existe pas de lien solide avec les politiques commerciales macroéconomiques susceptibles de soutenir le développement de l'esprit d'entreprise chez les femmes. Les politiques macroéconomiques se concentrent sur la création d'un environnement macroéconomique stable, d'une économie compétitive et sur la mise en place de réseaux internationaux pour soutenir le secteur privé. Les gouvernements nationaux ont accordé peu d'attention au secteur informel dans lequel opère la majorité des femmes entrepreneurs et qui devrait bénéficier d'une priorité absolue.

2.3.2 Finances

En ce qui concerne les finances, les femmes ont moins accès aux services financiers que leurs homologues masculins, notamment aux comptes de chèques et d'épargne et aux crédits formels. (IFC , 2011)

2.3.3 Contraintes à la croissance

Une fois qu'elles sont entrées dans le secteur informel, les femmes entrepreneurs sont confrontées à des défis particuliers, différents de ceux auxquels sont confrontés les hommes, parce qu'elles opèrent dans des secteurs et des lieux différents et qu'elles ont un accès, un contrôle et une utilisation inégaux des ressources (ICRW, 2001).

Parmi les contraintes identifiées dans l'étude, on peut citer le marketing (trouver la demande, les clients, les relations d'affaires, l'adaptabilité du produit ou du service), les intrants (l'approvisionnement, y compris l'accès aux matières premières, aux fournitures et à l'équipement), le transport abordable et accessible, l'accès aux installations et infrastructures commerciales et le manque de réseaux formels susceptibles d'accroître leurs opportunités de production ou de commercialisation. En outre, les femmes font passer leur famille en premier et évitent donc les risques. Elles sont également concentrées dans des secteurs à faible valeur ajoutée tels que la production alimentaire et la couture. Il s'agit là des résultats de la politique, de l'environnement juridique et des contraintes culturelles mentionnés dans la section précédente (ICRW, 2001).

2.4 Historique et développement des services de développement des entreprises

Avec la reconnaissance de la féminisation de la pauvreté au cours de la dernière décennie, la fourniture de services financiers aux femmes par le biais de programmes d'épargne et de crédit est devenue populaire (ICRW, 2001).

L'étude indique que la fourniture de services de développement des entreprises (BDS)[1] est devenue une stratégie de soutien aux femmes entrepreneurs. Une gamme de services a été proposée, y compris des services non financiers qui aident à l'entrée, à la productivité, à la survie, à la compétitivité et à la croissance des entreprises dirigées par des femmes. Le rapport fait également état d'un soutien des donateurs remontant aux années 1970, qui comprenait un soutien non financier. Il s'agit notamment de la formation, du transfert de technologie, de l'aide à la commercialisation, des conseils aux entreprises et du mentorat, qui ont été fournis en même temps que le soutien financier. Il note que les projets antérieurs visant à atteindre cet objectif ont connu un certain nombre d'échecs en raison d'un contenu générique et standardisé, d'une approche axée sur l'offre, d'une attention insuffisante portée à la qualité des formateurs et des méthodes de formation, ainsi que d'un suivi insuffisant.

Il note qu'au milieu des années 1980, on a assisté à une diversification des services et à une prise de conscience croissante de la nécessité d'axer les services sur la demande.

2.4.1 Niveaux de services

Les conclusions de l'ICRW divisent le niveau d'intervention en trois : entreprise (micro), intermédiaire (méso) et macro. Les services fournis au niveau de l'entreprise, tels que le marketing, la comptabilité, le droit et

---

[1] Les BDS consistent en une large gamme de services non financiers essentiels à l'entrée, à la survie, à la productivité, à la compétitivité et à la croissance des micro et petites entreprises.

l'accès à la technologie, ont été productifs. Les services de développement des entreprises qui sont fournis au niveau intermédiaire sont le renforcement des capacités des institutions intermédiaires pour la mise en œuvre d'une méthodologie de formation pour les petites et microentreprises. Les interventions au niveau macro sont celles qui créent un environnement politique favorable et améliorent le cadre juridique et réglementaire.

2.4.2 Étendue des services

L'étude note également que les BDS peuvent être une intervention unique avec une approche de formation, de marketing ou de technologie uniquement ou des interventions multiples dans lesquelles des services intégrés liés au programme de microfinance sont fournis.

2.4.3 Orientation stratégique des services

L'étude établit une distinction entre les différentes approches des BDS. Lorsque les programmes sont uniquement axés sur la génération de revenus, la logique qui les sous-tend est celle du bien-être et de la réduction de la pauvreté. Une telle approche permet d'augmenter les revenus des participants aux programmes ciblés, mais n'a qu'un succès à court terme. Elle est dite axée sur l'offre. Cette approche est paternaliste en ce qui concerne la prise de décision et la participation des femmes, alors que les services BDS axés sur la demande peuvent avoir un impact positif et durable sur la vie des femmes. Cette approche est axée sur l'efficacité.

2.5 Leçons tirées du BDS : littérature sur la croissance des entreprises féminines

C'est au début des années 1990 que des principes directeurs ont été élaborés pour les intermédiaires en microfinance (ICRW, 2001). Certains indicateurs de mesure des performances des BDS ont été développés ces dernières années. Il s'agit de l'échelle, de la portée, de l'impact, de la rentabilité et de la durabilité. Des principes de bonnes pratiques guidant la croissance des BDS ont également été élaborés : axés sur la demande, pertinents, participatifs et à coûts recouvrables. L'étude mentionne que l'organisation économique des femmes micro-entrepreneurs est nécessaire à la croissance de l'activité. En effet, les femmes qui vivent dans la pauvreté ne disposent pas de ressources financières suffisantes. C'est pourquoi la mise en commun de leur travail et de leur argent permet de créer les garanties nécessaires pour obtenir des prêts. Le groupe sert de garantie mutuelle ; il permet d'améliorer l'accès aux marchés.

2.6 Analyse de la littérature sur les théories

Plusieurs théories du développement sur les femmes ont évolué depuis les années 1950. Plusieurs féministes et penseurs du développement soutiennent que l'interaction entre le féminisme et le développement a évolué sous cinq formes : les femmes dans le développement (WID), les femmes et le développement (WAD), le genre et le développement (GAD), les femmes dans l'environnement et le développement (WED), le post-modernisme et le développement (PAD) (Peet & Hartwick, 1999).

Les praticiens du développement utilisent de plus en plus des cadres théoriques pour aider à comprendre les questions et les relations qui affectent la vie des femmes et des hommes (Oxfam, 1999). [2] Des cadres d'analyse de genre ont été développés par différentes institutions/théoriciens qui étudient le genre afin d'examiner les projets, les programmes et les approches. La publication d'Oxfam énumère les six cadres d'analyse de genre ;

- le cadre de Harvard
- le cadre axé sur les personnes,
- Cadre de Moser
- Matrice d'analyse du genre
- Cadre d'analyse des capacités et des vulnérabilités
- Cadre d'autonomisation des femmes (longwe) et approche des relations sociales.

La théorie de Moser et les théories du cadre analytique de Harvard ont été couramment utilisées pour l'analyse du genre.

Ce document utilisera la théorie de Moser pour analyser l'efficacité de l'étude de cas de l'organisation à but non lucratif WISE. WISE a été choisi parce que de nombreux utilisateurs l'ont considéré comme accessible, facilement applicable et s'adressant aux planificateurs dans leur propre langue. Il a également été utilisé pour remettre en question l'inégalité et a été qualifié d'outil puissant pour l'analyse des besoins pratiques et stratégiques en matière de genre (Oxfam, 1999).

2.6.1 Cadre de Moser

La théorie du genre et du développement (GAD) fait suite à l'approche des femmes dans le développement (WID) qui était populaire dans les années 1970. La théorie du genre et du développement prône

---

[2] Il s'agit d'un outil de sciences sociales utilisé pour identifier, comprendre et expliquer les écarts entre les hommes et les femmes qui existent dans les ménages, les communautés et les pays. Il permet également d'identifier la pertinence des normes de genre et des relations de pouvoir dans un contexte spécifique (par exemple, national, géographique, culturel, institutionnel, économique, etc.) Il examine l'accès différentiel des hommes et des femmes aux biens, aux ressources et aux opportunités, l'influence des normes et des rôles de genre sur la répartition du temps entre le travail rémunéré et non rémunéré, les rôles de leadership et la prise de décision, les impacts différentiels potentiels des politiques et des programmes de développement sur les hommes et les femmes. (USAID ADS 205)

une approche intégrée du travail de développement, axée sur les relations de pouvoir entre les hommes et les femmes, par opposition à l'approche des femmes dans le développement, qui préconise de traiter les questions relatives aux femmes comme des questions distinctes (Oxfam, 1999).

Caroline Moser, de l'Université de Londres, a développé dans les années 1980 un outil d'analyse de genre qui s'inscrit dans l'approche GAD. En conséquence, l'objectif du cadre développé est "l'émancipation des femmes de leur subordination et leur réalisation de l'égalité, de l'équité et de l'autonomisation".

L'outil d'analyse de genre de Moser est résumé par le guide d'Oxfam de la manière suivante.

Outil Moser 1 : Identification du rôle de l'homme et de la femme / Triple rôle

Le triple rôle des femmes à faible revenu se résume à la production (production de biens et de services destinés à la consommation et au commerce, obtenus dans le cadre d'un emploi ou d'une activité indépendante), à la reproduction (soins et entretien du ménage et de ses membres) et au travail communautaire (activités de gestion de la communauté, qui est un travail bénévole et non rémunéré).

Outil Moser 2 : Évaluation des besoins en matière de genre

Deux types de besoins en matière de genre ont été identifiés : les besoins pratiques et les besoins stratégiques. Les besoins pratiques en matière de genre consistent à répondre aux nécessités immédiates, aux besoins qui résultent de conditions de vie inadéquates. Parmi les exemples d'interventions, citons l'approvisionnement en eau, les soins de santé et les revenus. Répondre à ces besoins ne changera pas la division du travail qui prévaut et donc la position des femmes. Les besoins stratégiques en matière de genre sont ceux qui, s'ils sont satisfaits, modifieront la division du travail selon le genre et donc la position subordonnée des femmes, les déséquilibres de pouvoir, les droits légaux, la violence domestique, les salaires inégaux et le contrôle des femmes sur leur corps. Les interventions comprennent la remise en cause de la division du travail entre les sexes, l'allègement du travail domestique et des soins aux enfants, l'élimination des lois et du système juridique discriminatoires, la fourniture de services de santé génésique et des mesures contre la violence masculine.

Outil Moser 3 : Contrôle des ressources et prise de décision au sein du ménage

Cet outil permet de déterminer qui détient le pouvoir de décision et exerce donc un contrôle sur les ressources du ménage.

Outil Moser 4 : Rôle de planification et d'équilibrage le triple rôle

Il s'agit de déterminer si un programme ou un projet augmente la charge de travail des femmes dans un rôle au détriment d'un autre rôle.

Outil Moser 5 : Distinguer les différents objectifs des interventions : le WID/GAD Matrice politique

Cela encourage les utilisateurs à distinguer comment les approches contribuent à transformer la position subordonnée des femmes en demandant dans quelle mesure les besoins pratiques et stratégiques des femmes sont satisfaits. Les différentes méthodes de planification politique qui ont été utilisées dans la planification du développement depuis les années 1950 sont résumées comme l'approche du bien-être, l'équité, la lutte contre la pauvreté, l'efficacité et l'approche de l'autonomisation.

Outil Moser 6 : Impliquer les femmes, les organisations sensibilisées à la question du genre et les planificateurs dans la planification :

Cela encourage les planificateurs à impliquer les organisations sensibilisées à la question du genre et les femmes dans leur analyse et à intégrer les besoins pratiques et stratégiques en matière de genre, en définissant également les objectifs des interventions.

Chapitre 3

III. CONSTATATIONS

Étude de cas : Femmes exerçant une activité indépendante (WISE)

Women in Self Employment (WISE) a été sélectionné pour une étude de cas en raison des critères suivants.

- L'organisation a 15 ans d'expérience et a travaillé à l'autonomisation économique de 28 000 femmes à Addis-Abeba.
- WISE a gagné la confiance et jouit d'une bonne réputation auprès des différentes parties prenantes, y compris le gouvernement, la communauté et le secteur privé. Jusqu'à présent, WISE a travaillé avec 146 organisations non gouvernementales, gouvernementales, communautaires et privées. WISE a reçu de nombreux prix pour ses réalisations et son excellence, notamment le prix du groupe Ethio-Sudan, le prix Development Marketplace de la Banque mondiale en 2003 pour ses idées novatrices, le prix de premier rang du Consortium of Christian Relief and Development Association (CCRDA) en 2007 pour son excellent travail avec les organisations communautaires et d'autres organisations à but non lucratif axées sur les femmes.
- L'union des coopératives d'épargne et de crédit (SACCO) de WISE a été récompensée par l'administration de la ville d'Addis-Abeba pour l'excellence de son travail dans la réduction de la pauvreté, en particulier au profit des femmes et des jeunes filles pauvres.
- La directrice exécutive Tsigie Haile a récemment été nommée par l'ambassade des États-Unis en Éthiopie pour le prix international des femmes de courage. Elle a également été présentée dans le livre "Temsalet:- Phenomenal Ethiopian Women" comme l'une des 64 femmes éthiopiennes accomplies.

3.1 Contexte

Women in Self Help (WISE), créée en 1998, a pour mission "d'imaginer une nation où les femmes sont économiquement autonomes et où la pauvreté absolue est éradiquée" (WISE.org). WISE s'adresse aux femmes et aux jeunes filles pauvres et indépendantes qui sont au chômage et qui ont l'intention de devenir chefs d'entreprise, ainsi qu'à celles qui sont déjà engagées dans une petite entreprise.

La mission et les objectifs de l'organisation sont mis en œuvre au moyen des stratégies suivantes, conformément au plan stratégique 2010-2014 (WISE.org).

1. Développement des organisations et des institutions : mise en place et renforcement des capacités des organisations communautaires, notamment des coopératives d'épargne et de crédit, des coopératives de producteurs, des groupes commerciaux, des Yetena Idir (assurance maladie) et des groupes de marché qui peuvent fournir des moyens de subsistance durables, des services et servir de moyen d'autonomisation économique et sociale à leurs membres.
2. Développement de l'entreprise : fourniture d'informations et de services aux membres pour le développement de l'entreprise.

    développement de leur entreprise. Les quatre programmes de formation de WISE sont les suivants.

    a. Formation à l'esprit d'entreprise/aux compétences commerciales : Formation aux compétences commerciales de base, gestion d'entreprise 1-3, pensée créative, formation aux compétences professionnelles dans les domaines de l'entretien ménager, de la boulangerie, etc.
    b. Compétences en matière de leadership et de gestion : ce cours est organisé pour les membres élus et pour les dirigeants des groupes de gestion de l'épargne et du crédit et couvre le droit coopératif.
    c. Éducation à la santé : santé de base, assainissement, alimentation, VIH, premiers secours
    d. Développement personnel : Compétences de vie : fournir aux femmes des connaissances et des compétences sur la confiance en soi, l'accès à des informations importantes sur des sujets tels que les questions juridiques, la santé et les affaires.
    e. Alphabétisation et numératie à domicile : les enfants enseignent à leur mère qui est en train d'apprendre à lire et à écrire.

    Les participants au projet WISE apprennent à lire et à écrire chez eux et sont récompensés lorsqu'ils réussissent le test standardisé administré par WISE. Un quart des participants au programme WISE sont analphabètes.
3. Apprentissage et partenariats stratégiques :   forger un partenariat stratégique avec des acteurs de même sensibilité

    en formant des formateurs pour le personnel et les membres choisis, en assurant un mentorat et en partageant l'expérience acquise. D'autres activités sont la production de publications et la recherche.

3.2 Lignes directrices pour la mise en œuvre

- Inclusion (implication des groupes cibles, de leurs conjoints, de leurs familles et de la communauté dans le programme. Diversifier les groupes cibles en incluant les femmes handicapées, les femmes atteintes du VIH/SIDA, les femmes analphabètes, les ménages dirigés par des femmes et les femmes mendiantes).
- Apprentissage et partage : apprendre des autres et partager les bonnes pratiques
- Durabilité :   soutenir les programmes par le renforcement des capacités, le partage des coûts et le leadership.

le développement et la génération de revenus du consortium des SACCOs

- Partenariat : Collaborer et travailler en réseau avec différentes organisations et participer à des réseaux et des forums pour promouvoir l'apprentissage et la reproduction du programme de WISE.
- Approche intégrée et holistique : Aborder les questions essentielles du développement du groupe cible afin de garantir l'autonomisation globale des femmes.

3.3 Les défis des femmes entrepreneurs urbaines dans l'économie informelle

Interrogée sur les défis auxquels sont confrontées les femmes entrepreneurs du secteur informel urbain pour développer leur activité, Tsegie Haile, directrice exécutive de WISE, mentionne les points clés suivants.

Les locaux de production et de commercialisation constituent un défi de taille pour les femmes. Les domaines prioritaires du gouvernement et l'obligation d'épargner et d'emprunter auprès de l'Institut d'épargne et de crédit d'Addis, affilié au gouvernement, empêchent les femmes de choisir leur entreprise et leurs prestataires de services financiers.

La **crainte des prêts** chez certaines femmes cibles est également un problème. Bien que les SACCOs et l'Union proposent des prêts allant jusqu'à 300 000 Birr, peu de membres profitent de cette opportunité. Lorsqu'on leur demande pourquoi elles n'empruntent pas d'argent, elles répondent qu'elles ont peur des prêts. Pour les entreprises à croissance rapide appartenant à des femmes et nécessitant plus de 300 000 Birr, **il n'y a pas grand-chose à se mettre sous la dent**. Bien qu'Enat Bank (une banque pour femmes) tente d'y donner accès, peu d'entre elles connaissent les procédures et la question des garanties est cruciale.

Troisièmement, on suppose qu'il existe des politiques favorables aux femmes. Cependant, dans la pratique, il se passe très peu de choses. Par exemple, WISE a tenté d'envoyer des artisans en Inde pour exposer et vendre leurs produits. Ces femmes **n'ont bénéficié d'aucun soutien ni d'aucune politique particulière**. Elles ont dû suivre les procédures normales et se conformer à la politique standard. Alors, où est-elle ? Même le ministère de la femme n'a rien pu faire.

Les questions liées au genre continuent de prévaloir et d'affecter les performances des femmes dans les entreprises. D'après notre expérience, de nombreux conjoints s'opposent à la participation de leurs épouses à WISE - formation et prêts. C'est pourquoi de nombreuses femmes le font en secret. Lorsqu'ils constatent une amélioration de la situation de leur ménage, les maris cessent de s'opposer à la participation et peuvent soutenir activement leurs épouses.

Toutefois, à mesure que les femmes progressent dans leurs activités économiques et deviennent autonomes/transformées, certains maris créent des conflits. C'est ce que l'on a constaté avec certaines femmes d'affaires en plein essor. Les tâches ménagères et l'éducation des enfants sont des tâches exigeantes. Le partage du pouvoir n'est pas chose facile. Il n'est pas facile de changer d'attitude. La culture ne disparaît pas facilement non plus.

Le faible niveau d'éducation et l'analphabétisme de nombreuses personnes constituent également des obstacles à la promotion économique des femmes. 20 à 25 % de nos femmes ne savent ni lire ni écrire. Même celles qui ont suivi un enseignement élémentaire ne savent ni lire ni écrire. Elles ne sont donc pas en mesure d'utiliser les technologies de l'information et de se développer aussi rapidement que celles qui ont reçu une éducation formelle. Les femmes micro-entrepreneurs peu instruites et à faibles revenus ne participent pas suffisamment aux organisations de membres telles que l'Association des femmes entrepreneurs éthiopiennes ou la Chambre de commerce, car ces espaces sont réservés aux entrepreneurs instruits et de niveau supérieur. Nous avons essayé de les mettre en contact et certaines femmes ont participé à une réunion de l'association. Elles sont revenues et m'ont dit : "Ce n'est pas un espace pour nous car les participants s'expriment principalement en anglais ou utilisent de nombreux mots anglais. Nous devrions avoir notre propre espace.

WISE a récemment mené une enquête de référence sur les participantes à son programme en prenant un échantillon de 439 femmes vivant dans 11 districts afin d'obtenir des informations détaillées sur les participantes à son programme. La plupart des participantes au programme de WISE sont âgées de 20 à 30 ans (35 %) et 25 % d'entre elles sont analphabètes. En ce qui concerne les revenus mensuels, 20% des personnes interrogées gagnent moins de 10 dollars par mois, tandis que seulement 1% gagnent plus de 75 dollars. Interrogées sur le travail et les responsabilités domestiques, 79% des personnes interrogées déclarent s'occuper elles-mêmes des tâches domestiques. Interrogées sur la source des prêts pour leur commerce, 52% ont déclaré avoir emprunté auprès d'une organisation de microfinance autre que WISE, suivies par les individus et la famille qui représentaient 18%. Pour les questions relatives aux problèmes qu'elles rencontrent dans leur activité et à ce dont elles ont besoin pour augmenter leurs revenus, les besoins d'argent, d'espace, de santé et de connaissances ont été les plus cités. Lorsqu'on leur a demandé leur opinion sur les différentes positions des hommes et des femmes dans la société, les répondants ont classé des facteurs tels que la culture et le manque de sensibilisation en tête de liste.

3.4 Réalisations/ Impacts

Accès aux finances créé : a permis à ses membres d'avoir une inclusion financière pour l'autonomie et l'amélioration des conditions de vie (WISE. Org). - 28 000 membres et 850 tisserands ont pu démarrer ou développer leur micro-entreprise, avec des prêts de 140 millions de birr (7 millions de dollars) déboursés à ce jour et 40 millions de birr mobilisés sous forme d'épargne.

Le modèle coopératif : plus de 88 millions de Birr (4 millions de dollars) ont été prêtés au cours des 15 dernières années par l'intermédiaire des coopératives d'épargne et de crédit et de l'Union pour financer les membres des groupes cibles qui créent de nouvelles entreprises ou développent leurs petites entreprises. Plus de 27 millions de Birr (1 350 000 $) ont été mobilisés en tant qu'épargne des membres. Les prêts contractés par les membres ont été utilisés pour couvrir les paiements des logements subventionnés par le gouvernement ou des condominiums, la construction et la rénovation de leurs maisons et le paiement des frais de scolarité de leurs enfants. Une micro-assurance est également proposée pour les prêts et la santé (WISE. Org). Les femmes qui contractent des prêts sont reliées à des services d'assurance et bénéficient d'une couverture en cas de décès d'un membre ou de son conjoint, de congé de maternité et d'autres problèmes de santé selon l'accord conclu (WISE.org).

Participation accrue des femmes à des postes de direction : la formation en leadership de WISE a permis d'accroître la participation des femmes à la prise de décision au sein des unités administratives du gouvernement local. Les membres de la coopérative ont accru leur pouvoir de négociation avec les parties prenantes telles que les organismes gouvernementaux afin d'accéder à des ressources qui étaient inaccessibles (WISE. Org).

Investissement dans le renforcement des capacités : WISE investit dans le renforcement des capacités humaines des organisations en termes de ressources humaines, d'expertise technique et d'infrastructure.
Pour améliorer les compétences de ses formateurs et animateurs, des formations sur la formation des adultes sont organisées.
Actuellement, WISE compte plus de 100 membres du personnel ; les femmes représentent 85 % de l'effectif.

WISE révise et développe continuellement de nouveaux matériels de formation. C'est l'une des rares organisations à but non lucratif en Éthiopie à disposer de ses propres locaux : deux bâtiments de trois étages construits grâce à la contribution des SACCO, de l'Union, des membres et du personnel. Ils sont utilisés pour les bureaux, les formations et un centre d'exposition et de vente de produits qui contribue à générer des revenus pour l'organisation.

Partenariat avec des organisations locales, régionales et internationales : Au niveau local, WISE est membre de consortiums et d'organisations faîtières. Des formations ont été organisées pour 32 organisations éthiopiennes afin de reproduire les programmes d'épargne, de crédit et de micro-assurance avec d'autres organisations de femmes travaillant dans les différentes régions d'Éthiopie.

En résumé, l'approche de WISE peut être reflétée par la présentation graphique de l'OIT sur l'intervention de développement de l'entreprenariat féminin ci-dessous. Son approche programmatique intègre la plupart de ces cinq domaines d'intervention, à l'exception du travail sur l'environnement favorable/intervention politique en raison de la nouvelle loi de 2009 sur les organisations caritatives et les sociétés civiles. La loi sur les OSC interdit aux organisations qui génèrent plus de 90 % de leurs revenus à partir de sources étrangères de s'engager dans le plaidoyer politique.

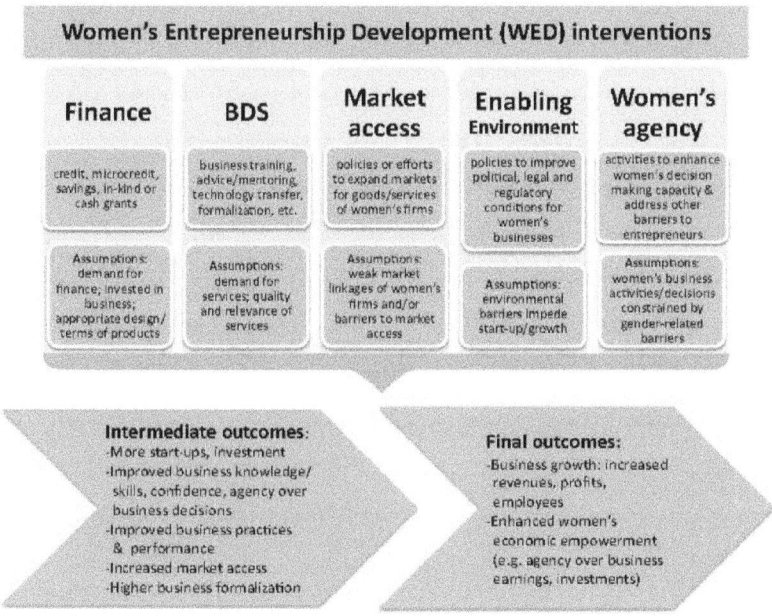

Source: (ILO, 2014)

3.5 Facteurs d'efficacité

évaluer ce qui a bien fonctionné et ce qui n'a pas fonctionné. Nous testons également de nouvelles façons de faire. C'est ainsi que nous avons conçu notre régime de micro-pension Health Iddir[3], qui est tout à fait unique. L'organisation s'efforce d'avoir un personnel axé sur la valeur et la mission. Ce personnel s'intéresse aux résultats finaux du travail qu'il effectue, c'est-à-dire qu'il contribue à l'autonomisation des femmes ciblées. Heureusement, la plupart des membres du personnel sont dans ce cas, si ce n'est tous. Nous sommes guidés par un plan stratégique. Nous avons maintenant notre troisième plan stratégique qui nous guide. Nous n'acceptons pas de subventions ou d'offres qui ne sont pas conformes à notre orientation et à nos interventions. Nous veillons également à la viabilité à long terme de l'organisation. Nous disposons désormais d'une unité commerciale qui génère des revenus pour notre travail. WISE est prête à apprendre et intègre l'apprentissage dans son travail pour s'assurer que ses programmes sont holistiques. Nous effectuons un suivi et une évaluation réguliers et nous réfléchissons aux défis, à ce qui a fonctionné et à ce qui n'a pas fonctionné.

Programme et approche:Nous mettons en œuvre un programme ciblé, à savoir le programme économique pour les femmes.

l'autonomisation. Nous veillons à fournir des services de développement des entreprises (BDS) holistiques. Tout ce que nous faisons, par exemple dans le domaine de la santé ou de l'alphabétisation et du calcul, doit contribuer à l'émancipation économique des femmes. Ainsi, tous nos efforts sont concentrés sur l'objectif global. C'est ainsi que nous avons pu apporter le succès à nos femmes et à notre organisation. Notre approche promeut l'autonomie et l'utilisation des biens propres (approche de développement basée sur les biens). Cela permet d'éviter un sentiment de dépendance et d'améliorer la capacité des femmes à utiliser leur potentiel. L'approche SACCO (Savings and Credit Cooperative) est déterminante pour l'accès aux services financiers. Ces coopératives accordent des prêts sans garantie (notre garantie est la pression des pairs). L'alphabétisation et l'apprentissage du calcul, la micro-assurance, la micro-pension, la formation aux aptitudes à la vie quotidienne, la formation aux aptitudes commerciales, la formation au leadership sont autant d'éléments qui visent à l'autonomisation globale des femmes. Par-dessus tout, comme le prouve le succès

Dans l'étude, plus de 90 % des personnes interrogées ont confirmé que leur succès était dû à la formation qu'elles avaient reçue. Le suivi et le soutien du personnel viennent en deuxième position et le service de prêt en troisième.

Le leadership : Nous pensons que le leadership est essentiel à la performance d'une organisation.

---

[3] Organisation communautaire traditionnelle généralement organisée pour les enterrements et dont les membres versent des cotisations mensuelles. Assurance maladie - les membres cotisent pour bénéficier d'un régime d'assurance.

L'engagement, la vision et la mission des dirigeants sont des facteurs essentiels. Bien entendu, la capacité à diriger efficacement, à donner des orientations et à développer le personnel est également un facteur. Les dirigeants s'efforcent d'être exemplaires en vivant la culture et les valeurs de l'organisation.

En outre, les femmes participant au programme font partie de la gouvernance et de la direction de l'organisation et ont donc le sentiment de s'approprier le programme. WISE appartient aux femmes.

Soutien financier et renforcement des capacités : Un autre facteur de notre succès est le soutien financier que nous avons reçu, en particulier au cours des premières années de la vie de WISE. Action Aid Ethiopia a couvert tout ce que nous voulions et nous nous sommes concentrés sur l'amélioration et le développement du programme. Après 5 ans avec un seul partenaire financier, _Concern nous a approchés pour devenir son partenaire. Ensuite, d'autres sont venus comme l'OIT, l'Institut Coady et l'Institut d'éducation internationale (IIE Éthiopie).

Lorsqu'on lui a demandé, lors de l'une des formations, comment le changement organisationnel avait influencé le travail de WISE sur le terrain, elle a répondu : "Dans chaque interaction avec nos clients, nous transmettons notre vision élargie et notre compréhension plus profonde du concept d'égalité. Nous sommes identifiés par le gouvernement comme une organisation travaillant pour l'autonomisation économique, mais nous travaillons en fait pour le changement dans tous les aspects de la vie des femmes et des relations hommes-femmes".

Chapitre 4

IV. ANALYSE DES RÉSULTATS

Les sections suivantes analysent le modèle de WISE à travers le cadre théorique de Moser, l'étude de l'OIT sur les interventions efficaces et l'étude de l'ICRW sur les services de développement des entreprises.

4.1 Triple rôle des femmes

L'approche stratégique globale de WISE reconnaît le triple rôle des femmes : reproductif, productif et communautaire. Une enquête de base et un examen des outils de suivi et d'évaluation des performances ont permis de recueillir des données sur le travail non rémunéré. La planification des projets de WISE s'appuie sur la prise en compte du triple rôle des femmes ; les formations sont organisées en fonction du calendrier et de l'emploi du temps des femmes, afin de ne pas compromettre les autres rôles qu'elles jouent. La plupart des formations de WISE sont organisées et dispensées en 10 demi-journées.

4.2 Répondre aux besoins pratiques et stratégiques des femmes

Comme l'indique l'enquête, 25 % des femmes bénéficiaires de WISE sont analphabètes. Les programmes d'alphabétisation et d'apprentissage du calcul basés sur les résultats et conçus pour les femmes analphabètes travaillant dans le commerce se déroulent à leur domicile et sont enseignés par leurs propres enfants. Il s'agit là d'un autre exemple d'intervention qui répond aux besoins stratégiques des femmes. Elle tient compte des contraintes de temps auxquelles les femmes doivent faire face pour participer à ces activités de formation. L'amélioration du niveau d'éducation est une réponse aux besoins stratégiques des femmes qui augmente leurs chances d'accéder aux opportunités de formation et elles sont mieux équipées pour suivre l'efficacité et la rentabilité de leur entreprise.

Une étude sur l'état d'avancement d'un de ses projets dont l'objectif est de renforcer le leadership des femmes pour la réduction de la pauvreté en Éthiopie à travers deux approches : en travaillant avec des groupes de femmes pour renforcer leurs capacités de leadership et d'entreprise en facilitant l'accès aux formations (compétences commerciales, compétences de vie, leadership et gestion) et en renforçant l'organisation.

Une étude de suivi du projet a montré que la formation au leadership a permis de mettre en place des pratiques de partage du pouvoir et de prise de décision au niveau des ménages, d'accepter les différences religieuses et culturelles, de garantir un plan de carrière et de mettre l'accent sur l'éducation des enfants, luttant ainsi contre la pauvreté intergénérationnelle, d'influencer les membres de la famille par le biais d'une vision, d'obtenir un partage du pouvoir et de la prise de décision au niveau des ménages. L'amélioration de la voix et de la représentation dans les structures décisionnelles de la communauté sont d'autres résultats qui ont été observés (WISE.org). Les personnes qui participaient déjà aux structures communautaires ont déclaré avoir été élues à des postes de président/vice-président, de juge et de membres de comités de projets générateurs de revenus après avoir reçu une formation de WISE. Elles travaillaient également avec l'aile politique du village, en tant que membres du comité des jeunes du village, au sein du comité de développement et dans les associations communautaires de femmes (Idir). L'étude de l'étendue et de la qualité de la participation des dirigeants et de la prise de décision dans les structures communautaires a toutefois montré qu'il s'agissait encore d'un travail en cours. Souvent, il n'y avait pas de femmes influentes pour porter les questions relatives aux femmes sur la table afin d'apporter des changements cruciaux. La citation suivante, tirée de l'étude menée par WISE, illustre la manière dont un meilleur rôle de leadership et de prise de décision a été atteint au niveau des ménages et de la communauté.

"Mon mari est membre d'une association religieuse ('Medihanealem Tsewa') et les conjoints ont participé aux festivals. Nous avons beaucoup dépensé pour la fête. Parmi les épouses, il y avait cinq membres de la SACCO. J'ai fait pression sur ces femmes. Nous avons convaincu nos maris et réduit le coût de la fête.

le festin. Nous avons commencé à utiliser l'argent supplémentaire pour nous aider les uns les autres dans les situations d'urgence ou lorsque nous avons besoin d'aide.
> quelqu'un tombe malade (29 : Marié, 24 ans)".

"J'ai pensé au divorce parce que j'étais toujours en train de harceler mon mari. Après la formation, je suis devenue journaliste auprès de la famille et je partageais chaque fois ce que j'avais appris. J'ai réalisé que mon mari avait changé pour le mieux suite aux changements que j'avais opérés grâce à la formation. Aujourd'hui, il admet et dit : "Tu le sais".
> Vous pouvez décider' (029 : Marié, 24 ans)".

"Je suis président de la cafétéria du groupe et je me suis soucié de la situation comme s'il s'agissait d'une entreprise privée. La cafétéria, qui était affaiblie depuis longtemps, a été renforcée et les dividendes ont été partagés entre les membres du groupe.

a été facilitée pour la première fois (22 : marié, 50 ans)".

La promotion du leadership et de la prise de décision des femmes est une approche qui répond aux besoins stratégiques des femmes. Alors que les formations et l'accès aux ressources financières par le biais d'un programme de prêts répondent aux besoins pratiques des femmes en mettant à leur disposition les ressources nécessaires à leur survie immédiate, les interventions visant à amener les femmes aux tables de décision ont le potentiel de changer la position des femmes à la maison et dans la communauté, de changer les valeurs sociétales, les perceptions sur le genre et donc de répondre aux besoins stratégiques des femmes. En d'autres termes, si WISE qualifie son approche d'holistique, cela équivaut à l'appel de Moser à prêter attention aux besoins pratiques/stratégiques des femmes.

Mais de tels programmes de renforcement du leadership nécessitent un investissement prolongé et de multiples autres stratégies. L'étude note en outre que même lorsque des programmes sont proposés et que les femmes sont invitées à saisir l'occasion, elles hésitent souvent à participer à des rôles de direction en raison du poids des responsabilités familiales. Ces femmes sont chefs de famille ou, même lorsqu'elles sont mariées, leurs conjoints n'ont pas de revenus suffisants ou souffrent de complications de santé. Si elles ont des enfants, ceux-ci n'ont pas encore atteint l'âge de la production ou ont atteint l'âge de la production et sont au chômage. Ces femmes courent pour survivre et sont loin d'être élues à la tête des structures communautaires (WISE.org).

"Je suis occupé par mes propres affaires et je préfère ne pas être élu. S'il n'y a pas d'obligation, je dirai que je n'ai pas la capacité d'être élu (007 : marié, 27 ans)".

"Je change souvent de domicile en raison du loyer élevé. Je ne suis même pas encore membre d'un idir ou d'une association de femmes, et encore moins élue (021 : veuve, 30 ans)".

Les conclusions de l'étude indiquent que cela reflète l'isolement et une moindre intégration dans la communauté en raison de la grande mobilité due à la pauvreté. Les autres raisons pour lesquelles les femmes hésitent à assumer des rôles de direction mentionnées dans les conclusions de l'étude sont leur faible niveau d'éducation et leur manque de confiance en elles. L'étude indique également que celles qui ont atteint le stade de la participation et qui ont pris part à la prise de décision dans les structures communautaires n'ont pas eu de femmes leaders exceptionnelles qui ont fait passer l'agenda des femmes en premier et qui ont influencé la prise de décision (WISE.org). Répondre aux besoins stratégiques des femmes nécessite un effort concerté de la part d'autres acteurs pour provoquer un changement systémique.

4.3 Facteurs de réussite : Formation, suivi, prêt

Une évaluation du taux de réussite a été réalisée par un chercheur et les résultats ont été inclus dans un document intitulé "A Study on Organization for Women in Self Employment's (WISE's) Success Rate and Factors Contributing to Success" (Retta, 2012).

En examinant les résultats de l'évaluation, la conclusion générale de Retta 2012 est que 82% des femmes ont déclaré avoir réussi après avoir utilisé les services de WISE. Ce taux de réussite est une moyenne pondérée des indicateurs de réussite mesurés par l'augmentation des revenus, la capacité à couvrir les dépenses médicales de la famille, la capacité à couvrir les frais d'éducation des enfants, la capacité à épargner plus de 10% de leurs revenus, la capacité à poursuivre leur activité même lorsque le soutien de WISE cesse, la capacité à rembourser le montant approprié du prêt dans les délais, la sensibilisation accrue et le changement de comportement concernant les pratiques traditionnelles néfastes (HTP), la sensibilisation accrue et le changement de comportement concernant le VIH/SIDA, la sensibilisation accrue et le changement d'attitude à l'égard de la santé familiale.

Les conclusions de Retta montrent que les facteurs de réussite sont la formation, qui est classée au premier rang, le contrôle et le suivi, au deuxième rang, et enfin les prêts obtenus auprès des SACCO. L'étude de l'OIT sur les interventions efficaces en matière de développement des femmes entrepreneurs mentionne également que les facteurs qui contribuent au succès de la croissance des entreprises féminines sont la formation commerciale, suivie d'une assistance technique et de conseils individualisés, ainsi que de subventions pour les entrepreneurs existants (OIT, 2014). L'étude indique également que les programmes de formation destinés aux femmes doivent répondre aux besoins, être flexibles en termes de calendrier et offrir un suivi post-formation.

4.3.1 Conception de la formation

Le programme de formation de WISE est également conçu pour répondre aux besoins des femmes en termes de niveau d'éducation et d'expérience dans le domaine des affaires. Les formateurs/animateurs sont expérimentés dans les techniques d'apprentissage pour adultes. Ils utilisent des méthodes d'apprentissage pour adultes, notamment des jeux de rôle, des contes populaires, l'apprentissage par l'expérience, l'apprentissage par les sens, des jeux et des exercices spécifiques au contexte et en rapport avec les expériences de la vie quotidienne.

L'étude de suivi mentionne que les facteurs qui ont facilité le changement d'attitude et de pratique sont l'attitude positive et l'éthique de travail des formateurs, l'atmosphère positive de l'enceinte, l'espace de classe, les prêts, les histoires inspirantes des participantes au programme WISE qui ont réussi, l'engagement et l'intérêt des stagiaires, les nouveaux amis trouvés et le matériel de formation fourni à la fin de la formation.

"Le film documentaire sur les femmes qui ont réussi, la révision de la formation BBS pendant la journée de remise des diplômes
et la cérémonie de remise des diplômes accompagnée de chants ont été une source d'inspiration et sont inoubliables. Nous sommes devenues folles d'espoir et nous avons dansé" (028 : divorcée, 35 ans).
(WISE.org)

"C'est l'échange d'expériences qui m'a amené à croire que je pouvais changer pour le mieux. Les expériences échangées entre nous donnent du courage car nous voyons que les problèmes des autres sont plus graves.
que la nôtre " (001 : marié, 44 ans) (WISE.org)

"Les drames et les exemples sont directement liés à notre expérience de vie. Il semble que le formateur ait vu notre maison et nos conditions de vie" (015 : marié, 40 ans).

Les participants eux-mêmes ont indiqué que les formations BBS leur ont permis de créer de nouvelles entreprises, d'identifier leurs propres actifs et de commencer à les utiliser pour générer des revenus, d'améliorer leur capacité à contribuer au revenu du ménage, de commencer à épargner, d'utiliser leurs ressources de manière plus judicieuse, d'accroître leurs actifs et de rénover leur logement.

"J'ai immédiatement lancé un commerce d'injera en utilisant le paiement du transport de la formation et un peu d'argent supplémentaire. La nuit, parallèlement à la fabrication de l'injera, je filais du coton ; je vendais le fil et couvrais les frais d'électricité et d'eau ; je ne passais plus beaucoup de temps dans l'idir (association funéraire traditionnelle) des femmes ni ne restais après les funérailles. Même si mon mari est cloué au lit et n'a pas de pension, j'économise cinq fois plus que les membres de mon groupe SACCO et je me suis assuré un equb mensuel (épargne rotative) (015 : Mariée, 40 ans).

"Cela fait 8 ans que je suis en affaires. J'ai perdu 17 000 Birr et je ne vois aucune croissance dans mon entreprise. C'était ma mauvaise connaissance de l'épargne. Après avoir suivi la formation de WISE, j'ai obtenu quatre épargnes différentes (009 : Veuve, 38 ans)".

4.4 Mesures de la croissance (indicateurs directs et indirects)

L'autre étude utilisée pour l'analyse est celle de l'ICRW sur les services de développement des entreprises. L'étude souligne que la croissance des entreprises peut être mesurée par des indicateurs directs et indirects (ICRW, 2001). Les indicateurs directs tels que l'augmentation du revenu net, le nombre d'employés et l'augmentation des quantités d'intrants achetés et de produits et services vendus. Le contrôle des revenus est un autre indicateur direct spécifique au genre. L'étude mentionne que de nombreux programmes de microfinance utilisent de plus en plus le contrôle des revenus pour évaluer l'impact des programmes de microfinance dans le monde entier. L'étude note également que les indicateurs indirects de croissance des entreprises sont indicatifs de l'allègement des contraintes qui constituent des obstacles à la croissance des entreprises des femmes entrepreneurs. Un meilleur accès aux services formels et à l'information permet de lever les contraintes auxquelles sont confrontées de nombreuses femmes entrepreneurs.

Le tableau suivant, adapté de l'étude, sera utilisé pour comparer les indicateurs de WISE et les résultats de l'étude.

examiner dans quelle mesure WISE utilise des indicateurs indirects pour mesurer le succès. La dernière colonne de droite est cochée avec Oui/Non.

TABLEAU 1.1. Indicateurs de croissance des entreprises pour les femmes micro-entrepreneurs

Indicateurs de croissance des entreprises	Type et niveau d'intervention	WISE (O/N)
Augmenter le revenu net d'une cliente (direct)	Fournir des alternatives aux activités traditionnelles de production, de transformation et de commercialisation ` Augmenter la sécurité de l'approvisionnement en intrants (quantité, accessibilité financière) ` Augmenter le nombre de clients potentiels pour les femmes entrepreneurs ` Augmenter l'accès aux points de vente ` Fournir des dispositifs d'économie de main d'œuvre liés à la production ` Fournir des systèmes de contrôle de la qualité pour augmenter la valeur ` Fournir une formation, une assistance technique liée à l'intégration horizontale ou verticale	Oui

Accroître le contrôle des femmes sur leurs revenus (direct)	Soutenir les activités qui permettent de mieux contrôler les revenus ` Impliquer les autres membres du ménage dans la résolution du problème	Oui
Améliorer l'accès des femmes aux services du secteur formel (indirect)	Créer des liens entre les femmes entrepreneurs et les grandes institutions du secteur privé qui offrent des marchés et des services.	Oui
Améliorer les compétences de gestion des femmes entrepreneurs (indirect)	Fournir une formation aux compétences commerciales pour aider à renforcer les capacités entrepreneuriales	Oui
Améliorer l'accès des clientes à l'information et aux services de vulgarisation (indirect)	Concevoir/modifier le contenu des messages de vulgarisation pour les adapter au moment, au lieu et aux autres besoins de la clientèle féminine ` Former le personnel existant pour qu'il atteigne les femmes plus efficacement ` Lier les activités du projet aux activités des groupes de femmes existants	Oui
Accroître le sentiment d'autonomie des femmes (indirect)	Promouvoir la formation de groupes avec des femmes comme chefs de groupe ` Promouvoir les interactions entre les femmes et les agents du secteur formel	Oui

Adapté de Bennett et Goldberg. "Providing Enterprise Development and Financial Services to Women", Banque mondiale, document technique 236, Washington, DC, 1993, cité dans Esim, 2001 [ADD PAGE NUMBER].

Comme on peut le constater dans les sections précédentes, WISE utilise principalement des indicateurs directs. Ceux fixés par l'organisation, tels que l'augmentation des revenus, la capacité à couvrir les dépenses médicales de la famille, la capacité à couvrir les frais d'éducation des enfants, la capacité à épargner plus de 10% de leurs revenus, la capacité à poursuivre leur activité même lorsque le soutien de WISE cesse, la capacité à rembourser le montant approprié du prêt dans les délais, la sensibilisation accrue et le changement de comportement à l'égard des PTH, la sensibilisation accrue et le changement de comportement à l'égard du

VIH/SIDA, la sensibilisation accrue et le changement d'attitude à l'égard de la santé de la famille, sont principalement des indicateurs directs. Bien que certaines citations obtenues des participants au programme indiquent que le pouvoir de négociation et de décision des femmes au sein du ménage évolue, on peut affirmer que la capacité à épargner et à couvrir les frais d'éducation des enfants est le résultat d'une certaine forme de contrôle sur les revenus. Un indicateur explicite sur le "contrôle" pourrait apporter beaucoup. Le cadre théorique de Moser s'intéresse également à la question de savoir qui détient le pouvoir de décision et exerce donc un contrôle sur les ressources du ménage. L'enquête sur l'emploi du temps réalisée par CSA a révélé que les hommes contrôlent davantage les revenus du ménage, ce qui reflète l'inégalité des statuts. En faisant du contrôle des revenus un indicateur de réussite à long terme, on peut attirer l'attention sur les visions plus larges de l'égalité entre les hommes et les femmes.

La recherche de l'ICRW mentionne l'implication des membres du ménage dans la recherche d'un accord comme stratégie de soutien au contrôle accru des revenus par les femmes. Le directeur exécutif Tsegie a également mentionné que les maris créent parfois des conflits dans la maison lorsque les femmes deviennent économiquement autonomes. Bien qu'il ne s'agisse pas d'une stratégie, WISE organise des événements appelés "journée des maris" afin d'inclure les hommes en tant que partisans de l'égalité entre les femmes et les hommes. Les stratégies qui incluent la participation des hommes sont importantes pour l'égalité des sexes. La section "Recommandation" examinera certaines stratégies visant à impliquer les hommes.

En outre, WISE participe à la création de liens commerciaux pour les participants à ses programmes cibles en organisant des expositions, des bazars et des concours d'idées commerciales novatrices dans ses locaux et en facilitant la participation à des foires commerciales dans des espaces internationaux. Récemment, six femmes entrepreneurs qui fabriquent des étoles filées et tissées à la main et des sacs en cuir ont participé à un bazar et à une exposition en Inde, avec le soutien du DFID et de l'International Trade Center. Bien qu'il soit évident dans cet exemple qu'un tel programme est en cours, l'indicateur indirect de l'amélioration de l'accès aux services du secteur formel n'est pas utilisé pour mesurer sa performance.

4.5 Principes de bonnes pratiques

L'étude de l'ICRW sur les principes de bonnes pratiques en matière de BDS pour la croissance comparera les pratiques de WISE avec les pratiques identifiées. Les conclusions seront renforcées par Leslie Crutchfield, Forces for Good : The Six practices of high impact nonprofits.

Tableau 1.3. Principes de bonnes pratiques en matière de services d'appui aux entreprises pour la croissance des entreprises

	WISE O/N	
Échelle	Nombre de femmes, d'entreprises et d'organisations touchées	Atteindre 28 000 femmes ;
sensibilisation	Atteindre les marchés mal desservis, en particulier les pauvres	Les cibles sont les plus pauvres des pauvres
Impact	Améliorer la vie des femmes grâce à la croissance des entreprises	Le plan stratégique identifie le développement des entreprises comme une approche
Rapport coût-efficacité	Obtenir un impact au moindre coût	Données financières non disponibles pour l'étude
Durabilité	Garantir la pérennité des services et des prestations à long terme	Réponse aux résultats de l'évaluation

Source : "BDS for SMEs : Preliminary Guidelines for DonorFunded Interventions" : "BDS for SMEs : Preliminary Guidelines for DonorFunded Interventions : Summary of the Report to the Donor Committee for Small Enterprise Development", Comité des agences donatrices pour le développement des petites entreprises, OIT. Janvier 1998

WISE a touché 28 000 femmes et filles dans le cadre de son programme d'autonomisation économique. Elle a atteint une certaine ampleur, une certaine portée et un certain impact parce qu'elle travaille en collaboration avec d'autres. Les organisations à but non lucratif à fort impact élargissent leur champ d'action, partagent leurs ressources et renforcent leur autonomie en partageant leurs connaissances, en développant leur leadership et en travaillant en coalition (Crutchfield & Grant, 2008). Elles entretiennent des réseaux d'organisations à but non lucratif.

WISE a forgé des partenariats avec des coalitions locales, régionales et internationales afin de partager ses meilleures expériences. Il s'identifie comme une organisation apprenante. Elle distribue son modèle pour qu'il soit adopté et reproduit. Elle a adopté un état d'esprit de réseau qui s'aligne sur une vision à long terme et un désir d'impact supérieur à l'intérêt personnel (Crutchfield & Grant, 2008). Crutchfield note que ces organisations ne se concentrent pas uniquement sur le renforcement de leurs propres capacités. Elles augmentent plutôt leur impact en diffusant leurs connaissances et leurs ressources. Elles augmentent leur impact en tirant parti de leurs réseaux d'organisations à but non lucratif. Cette approche a été qualifiée de "mentalité de réseau". Les connaissances et l'expertise d'autres organisations sont partagées par le biais de la recherche, de publications et de la reproduction de manuels. WISE ouvre ses portes aux chercheurs pour qu'ils étudient ses approches et rend publiques ses publications et ses recherches. Les manuels de formation sont traduits et imprimés dans différentes langues afin de pouvoir être utilisés dans d'autres États régionaux d'Éthiopie. Crutchfield mentionne également la tactique consistant à développer le leadership en encourageant les employés talentueux et les dirigeants de leur propre organisation et de celles avec lesquelles ils travaillent. Dans un article récent publié sur sa page de médias sociaux, il a indiqué qu'une formation de formateurs en gestion d'entreprise avait été dispensée à ses partenaires africains de six pays partenaires des programmes de l'Institute of International Education (IIE) et de l'institut international Coady. Crutchfield note que "le développement du talent et du leadership peut être un outil puissant pour construire un réseau, un mouvement ou un domaine".

Elle maintient son impact parce qu'elle investit dans trois éléments essentiels : les personnes, le capital et l'infrastructure. Crutchfield note que les organisations à fort impact n'acceptent pas de financements de n'importe quelle source en pensant qu'il s'agit de bonnes sources de revenus, mais qu'elles les acceptent parce qu'ils contribuent à résoudre les problèmes auxquels elles s'attaquent. Ce point de vue a été confirmé par la réponse du directeur exécutif, qui a déclaré que WISE n'acceptait pas de financements qui ne correspondaient pas à la mission de l'organisation.

En outre, Crutchfield souligne l'importance d'investir dans les technologies de l'information, les bâtiments et les systèmes de gestion et de renforcer la capacité organisationnelle de l'organisation à but non lucratif. Dans les deux bâtiments de trois étages que possède WISE, une salle de technologie de l'information entièrement meublée est à la disposition des membres de la communauté cible

Faire fonctionner les marchés, ce qui est l'une des pratiques également mentionnées par Crutchfield. Il s'agit de tirer parti des entreprises en modifiant les pratiques commerciales, en établissant des partenariats avec les entreprises et en gérant une entreprise.

Dans une mise à jour sur sa page officielle de médias sociaux, WISE a annoncé avoir reçu une subvention de Sunlight Industrial and Distribution Co. (SIDCO) pour aider les écolières à se procurer des serviettes hygiéniques. De nombreuses écolières vulnérables issues de familles à faibles revenus, de familles monoparentales ou vivant avec des proches manquent de nombreux jours d'école, ce qui entraîne des résultats médiocres en raison du manque de serviettes hygiéniques. Cinquante écolières ont reçu des serviettes hygiéniques pour 12 mois. La SIDCO a également soutenu les femmes dans le besoin et les enfants handicapés en fournissant des poulaillers à petite échelle à des membres ciblés, des chaises et des outils de dessin à des étudiants atteints du syndrome de Down, ainsi qu'un soutien financier à des étudiants ayant obtenu d'excellents résultats scolaires. Le directeur exécutif de WISE a fait remarquer que la majorité des riches Éthiopiens ne contribuaient pas à ce type d'aide. L'établissement d'un partenariat avec le secteur privé tel que SIDCO et d'autres membres du secteur privé est une avancée dans un pays où la philanthropie ne s'est pas encore développée. Le secteur privé a un rôle important à jouer dans le développement, mais il faut pour cela des stratégies d'engagement créatives, innovantes et durables qui apportent des avantages mutuels aux deux secteurs.

WISE gère une activité commerciale à partir de la location de ses locaux. Ces revenus sont réinvestis dans l'organisation pour couvrir les frais de fonctionnement et mettre en œuvre ses programmes de manière durable. Ces flux de financement ne sont assortis d'aucune condition, contrairement aux financements des donateurs qui sont affectés à des programmes spécifiques. Cela donne à l'organisation la flexibilité et la liberté d'utiliser ses propres revenus comme elle l'entend. Les formations sont également proposées selon un mécanisme de partage des coûts. Les frais modestes facturés permettent de partager les coûts (Crutchfield & Grant, 2008).

RÉSUMÉ ET CONCLUSIONS

Un examen critique de l'approche d'intervention de WISE sur l'autonomisation économique des femmes a été effectué. Elle a été examinée et comparée à trois études : les théories sur le genre et le développement, en particulier le cadre théorique de Moser, l'étude de l'OIT sur l'efficacité des interventions de développement de l'esprit d'entreprise chez les femmes et, enfin, une étude sur les services de développement des entreprises pour les femmes réalisée par l'ICRW.

Les résultats ont confirmé l'efficacité des approches de WISE. Ses stratégies d'intervention sont conçues pour répondre aux défis identifiés des femmes entrepreneurs. Les interventions de WISE s'appuient sur la reconnaissance du triple rôle joué par les femmes (rôle productif, reproductif et communautaire). Elle reconnaît le rôle important que les femmes jouent dans l'économie des soins non rémunérés et conçoit ses stratégies d'intervention pour répondre aux besoins pratiques et stratégiques des femmes. Le processus de conception de ses stratégies suit les principes de l'inclusion. Les membres, leurs conjoints, leur famille et la communauté sont impliqués dans les programmes. L'enquête de base sur le statut socio-économique et les études sur l'emploi du temps établissent les critères de référence pour mesurer l'impact et le niveau d'efficacité. Elle permet également de concevoir des stratégies axées sur la demande qui répondent aux besoins des participants au programme.

La promotion du leadership féminin pour l'autonomisation économique des femmes répond aux besoins stratégiques des femmes. Mais cela est à nouveau remis en question par le triple rôle des femmes et la responsabilité qui leur incombe de remplir leur rôle. Les femmes vulnérables et à faible revenu n'ont tout simplement pas le temps de participer et de saisir les opportunités qui s'offrent à elles pour progresser. La nécessité de répondre d'abord à leurs besoins pratiques de survie les empêche d'accéder à d'autres opportunités. Les formations au leadership ont renforcé la participation et la représentation des femmes dans le leadership et la prise de décision, tant au niveau des ménages que des structures communautaires.

Cependant, la qualité de la participation pour influencer les décisions qui affectent les problèmes des femmes n'a pas encore été atteinte. Changer les normes, les comportements et les pratiques sociétales en matière d'égalité des sexes est un processus lent qui nécessite un investissement prolongé. Ce n'est pas quelque chose que WISE peut seulement aborder, mais plutôt des efforts concertés de multiples parties prenantes travaillant pour l'égalité des sexes.

Les services offerts par WISE, la formation, le suivi et le prêt ont été mentionnés comme étant les facteurs de réussite par les participants au programme. Cela confirme l'étude de l'OIT sur l'efficacité des interventions. Pour maintenir son succès et son impact, WISE investit dans le renforcement de ses propres capacités et de celles des organisations communautaires qui peuvent fournir des services de subsistance durables.

Recommandations

L'autonomisation économique nécessite de multiples interventions qui ne peuvent être confiées à des organisations telles que WISE. Il faut s'attaquer aux facteurs qui contribuent à l'inégalité entre les sexes. Il faut s'attaquer à l'environnement politique, à l'environnement culturel, à la division du travail entre les sexes, au statut de l'éducation des femmes et des filles, qui sont tous interdépendants. Il est compréhensible que WISE ne puisse apporter sa contribution que dans sa sphère d'influence, guidée par sa mission. Voici quelques recommandations à prendre en considération.

1. Les politiques et stratégies du gouvernement visant à garantir la participation active des femmes au développement économique du pays et l'égalité des chances sont des engagements prometteurs. Mais si ces politiques de soutien ne sont pas traduites en actions, l'impact escompté sera perdu.
En outre, les politiques macroéconomiques, en particulier les politiques fiscales et monétaires, sont également dépourvues d'analyse de genre et de leur impact sur l'égalité entre les femmes et les

hommes. ces aspirations n'auront pas les effets escomptés. Il s'agit des environnements opérationnels, du contexte de l'environnement externe qui affecte la vie des femmes et dans lequel les organisations opèrent. Soutenir l'émergence d'économistes féministes pour rechercher et fournir une analyse de l'environnement macroéconomique à travers le prisme du genre peut être un moyen stratégique d'influencer l'environnement externe.

2. L'enquête CSA sur l'emploi du temps a établi un lien entre le niveau d'éducation et le temps consacré aux soins non rémunérés. Les femmes ayant un niveau d'éducation plus élevé consacrent moins de temps au travail non rémunéré. Il a été signalé que l'augmentation du niveau d'éducation est associée à la participation à un travail productif et à l'amélioration du statut économique. Il a également été mentionné que l'éducation augmente les chances des femmes d'accéder à des services tels que la formation, les finances et d'assumer des positions de leadership dans les structures communautaires. Le programme d'alphabétisation à domicile de WISE et le soutien qu'il apporte à l'éducation des filles constituent un investissement à long terme. L'éducation est également un outil puissant pour changer les perceptions des garçons et des filles dès le plus jeune âge. WISE peut jouer un rôle influent aux côtés d'autres acteurs travaillant dans le domaine de l'éducation. Sa publication "Let me narrate my story", qui raconte des histoires de changement, peut être utilisée comme outil pédagogique pour atteindre les garçons et les filles scolarisés.

3. WISE est reconnu comme un leader dans le domaine des programmes d'autonomisation économique des femmes. Ses approches se sont avérées efficaces. Elle peut être plus influente en renforçant sa sphère d'influence par le biais de partenariats aux niveaux local, régional et international. Elle peut être un centre d'excellence pour l'émancipation économique des femmes où d'autres peuvent apprendre et une plaque tournante pour la recherche sur le genre.

4. L'importance de l'implication des hommes en tant que stratégie pour parvenir à l'égalité des sexes a été soulignée par de nombreux praticiens du développement. Une étude de CARE qui peut renforcer

l'approche de WISE en matière d'implication des hommes comprend la motivation des hommes à devenir des modèles et des champions de l'égalité des sexes. L'autre approche proposée consiste à inclure les hommes dans des messages positifs. Il s'agit d'inviter les hommes à des événements parce qu'ils ont des contributions positives à apporter. Une autre stratégie mentionnée dans l'étude de CARE consiste à identifier les hommes leaders qui peuvent véhiculer des messages positifs sur l'égalité entre les femmes et les hommes.

5. Renforcer les liens avec le marché pour les femmes entrepreneurs en facilitant la connectivité avec le secteur privé, les producteurs, les fournisseurs afin de créer des opportunités de commercialisation pour les membres.

Références

Agence centrale des statistiques,. (2014). *Enquête sur l'emploi du temps en Éthiopie*. Addis-Abeba, Éthiopie.

Crutchfield, L. et Grant, H. (2008). *Forces for good*. San Francisco : Jossey-Bass.

Data.worldbank.org, (2015). *Inflation, déflateur du PIB (% annuel) |*

SFI, (2011). *Renforcer l'accès au financement pour les PME dirigées par des femmes dans les pays en développement*. Washington, DC.

SFI, (2014). *Les femmes, l'entreprise et le droit*. Londres.

OIT, (2007). *Évaluation de l'environnement favorable aux femmes dans les entreprises en croissance*. Addis Abeba.

OIT, (2014). *Effectiveness Of Entrepreneurship Development Interventions for Women Entrepreneurs :*.

FMI, (2014). *LA RÉPUBLIQUE FÉDÉRALE DÉMOCRATIQUE D'ÉTHIOPIE*. Washington, DC.

Centre international de recherche sur les femmes, (2001). *Voir comment elles poussent*.

MoFED, (2010). *Plan de croissance et de transformation (GTP) 2010/11-2014/15*. Addis Abeba.

Oxfam, (1999). *Guide des cadres d'analyse de genre*.

Peet, R. et Hartwick, E. (1999). *Theories of development*. New York : Guilford Press.

Unwomen.org, (2015). *Faire progresser l'égalité entre les hommes et les femmes : Pratiques prometteuses | Capacités et ressources améliorées | Éthiopie*.

USAID, (2006). *GUIDE TO WOMEN'S ENTREPRENEURSHIP IN CRITICAL ENVIRONMENTS*. Washington, DC.

Forum économique mondial, (2014). *Rapport sur l'écart mondial entre les hommes et les femmes*.

More Books!

I want morebooks!

Buy your books fast and straightforward online - at one of world's fastest growing online book stores! Environmentally sound due to Print-on-Demand technologies.

Buy your books online at
www.morebooks.shop

Achetez vos livres en ligne, vite et bien, sur l'une des librairies en ligne les plus performantes au monde!
En protégeant nos ressources et notre environnement grâce à l'impression à la demande.

La librairie en ligne pour acheter plus vite
www.morebooks.shop

info@omniscriptum.com
www.omniscriptum.com

OMNIScriptum